MENSAJES PARA CREYENTES NUEVOS

11

WATCHMAN NEE

LA ORACIÓN

Living Stream Ministry
Anaheim, California

Primera edición: marzo de 1998.

ISBN 0-7363-0132-1

Traducido del inglés
Título original: *Prayer*
(Spanish Translation)

Publicado por

Living Stream Ministry
2431 W. La Palma Ave., Anaheim, CA 92801 U.S.A.
P. O. Box 2121, Anaheim, CA 92814 U.S.A.

Impreso en los Estados Unidos de América

03 04 05 / 9 8 7 6 5 4

LA ORACION

Lectura bíblica: Jn. 16:24; Jac. [Stg.] 4:2-3; Lc. 11:9-10; Sal. 66:18; Mr. 1:24; Lc. 18:1-8

I. LA ORACION ES UN DERECHO BASICO DEL CREYENTE

Los creyentes tienen un derecho básico mientras están en la tierra hoy y es el derecho a que sus oraciones sean contestadas. Cuando la persona es regenerada, Dios le concede el derecho básico de pedir y de recibir respuesta. En Juan 16 dice que Dios responde cuando le pedimos en el nombre del Señor, para que nuestro gozo sea cumplido; y si oramos sin cesar, nuestra vida cristiana estará llena de gozo.

Si oramos sin cesar y Dios no nos contesta o si hemos sido cristianos por años y Dios a duras penas nos escucha o nunca nos responde, algo muy serio está pasando. Si hemos sido creyentes por tres o cinco años sin recibir respuesta a nuestra oración, somos cristianos extremadamente ineficaces. Aunque somos hijos de Dios, nuestras oraciones no son respondidas. Esto jamás debe suceder. Todo creyente debe recibir de Dios respuesta a sus oraciones, pues tal experiencia es básica. Si Dios no nos ha contestado la oración por mucho tiempo, esto indica que algo se ha interpuesto entre El y nosotros. No podemos engañarnos al respecto pensando que no nos preocupamos si las oraciones son contestadas o no, o si son eficaces o no.

Nos gustaría preguntarle a cada creyente: ¿Ha aprendido usted a orar? ¿Ha contestado Dios su oración? Estamos equivocados si dejamos oraciones sin respuesta, porque las oraciones no son palabras al viento, puesto que se ofrecen para ser contestadas. Las oraciones sin respuesta son oraciones vanas, y los creyentes deben esperar respuestas a sus oraciones, porque si usted ha creído en Dios, El debe contestarle. Las oraciones que uno haya hecho sin que haya recibido respuesta son inútiles; uno debe orar hasta recibir respuesta ya que la oración no sólo cultiva el espíritu sino que se hace para obtener respuestas.

La oración puede considerarse el tema más profundo y a la vez el más sencillo. Es tan insondable que algunos nunca han orado como es debido a pesar de haber oído acerca de la oración toda su vida. Muchos hijos de Dios tienen el sentir de que jamás aprendieron a orar. Sin embargo, la oración es algo tan sencillo que tan pronto una persona cree en el Señor puede empezar a orar, y sus oraciones son contestadas. Si usted tiene un buen comienzo en su vida cristiana, siempre recibirá respuesta a sus oraciones. De lo contrario, no recibirá respuesta a su oración por tres o cinco años y si no se tiene un fundamento apropiado, necesitará un gran esfuerzo para corregirlo más adelante. Por lo tanto, cuando uno cree en el Señor, debe recibir de Dios respuesta a las oraciones. Esperamos que el creyente preste mucha atención a este asunto.

II. LAS CONDICIONES PARA QUE DIOS CONTESTE NUESTRAS ORACIONES

Vemos en la Biblia muchas condiciones para que Dios conteste nuestras oraciones, pero sólo unas cuantas son básicas y creemos que si las reunimos, nuestras oraciones serán respondidas. Estas pocas condiciones también se aplican a los que han orado por mucho tiempo y aunque son básicas, debemos prestarles mucha atención.

A. Pedir

Todas nuestras oraciones deben ser peticiones genuinas delante de Dios. Después de que un hermano fue salvo, oraba todos los días hasta que un día una hermana le preguntó: "¿Ha escuchado Dios alguna vez tu oración?" Esto lo sorprendió, pues para él la oración era simplemente oración, y no veía razón para preocuparse si era contestada o no. Desde entonces, cada vez que oraba, le pedía a Dios que contestara su oración. Empezó a hacer memoria de cuántas oraciones no habían sido respondidas y descubrió que sus oraciones eran vagas y sin meta. A él no le preocupaba si Dios contestaba o no sus oraciones. Para él era como pedir a Dios que saliera el sol, el cual sale independientemente de si uno ora o no. El se había convertido desde hacía un año, pero sus oraciones no habían sido respondidas; todo ese tiempo lo único que había hecho era arrodillarse a musitar palabras y ni siquiera era consciente de lo que pedía; por lo tanto, se dio cuenta de que no había pedido nada específico en todo ese tiempo.

El Señor dice: "Pedid, y se os dará" (Mt. 7:7). Si lo que usted está tocando es la pared, el Señor no se la abrirá, pero si toca la puerta, El abrirá; si le pide que le permita entrar, El se lo permitirá ya que El dijo: "Buscad, y hallaréis" (v. 7). Supongamos que hay muchas cosas frente a usted, ¿cuál quiere? No conteste que cualquiera; debe pedir por lo menos una de ellas. Así es Dios. El quiere saber lo que uno quiere y pide específicamente. Sólo así El se lo podrá dar. Así que pedir significa solicitar algo específico y esto es lo que quiere decir buscar y tocar. Si su padre le pide cierta medicina, va a la farmacia y pide la droga exacta. Si va al supermercado a comprar verduras, pide exactamente lo que desea. Es raro ver que las personas se acerquen a Dios sin decir lo que quieren. Esta es la razón por la cual el Señor dice que necesitamos pedir específicamente. El problema radica en que no pedimos. El obstáculo está de nuestro lado. Al orar debemos pedir lo que necesitamos y deseamos. No hagamos una oración universal ni seamos frívolos; debemos preocuparnos por la respuesta a nuestra oración.

El creyente debe aprender a orar con un objetivo concreto. "No tenéis, porque no pedís" (Jac. 4:2). Muchos oran sin pedir. Es inútil pasar una o dos horas u ocho o diez días ante el Señor sin pedirle nada. Uno debe hacer peticiones concretas y tocar insistentemente la puerta. Cuando uno ve claramente la entrada, debe llamar a la puerta con determinación porque cuando uno busca algo definido, no se conformará con cualquier cosa, sino que irá en pos de lo que verdaderamente quiere. No debemos levantarnos en las reuniones a orar por veinte minutos o media hora sin saber ni lo que decimos ni lo que queremos. Es bastante extraño que muchas personas oren sin pedir nada.

Debemos aprender a ser específicos en la oración y saber cuándo Dios contesta nuestras oraciones y cuándo no. Si a usted no le importa si Dios responde o no, le será muy difícil orar cuando se encuentre en una dificultad específica. Las oraciones vacías no tendrán ningún efecto en tiempos difíciles y no podremos esperar ninguna solución para el problema. Sólo las oraciones que expresen motivos específicos pueden resolver problemas específicos.

A. No pedir mal

Hay una segunda condición al orar y es que no debemos pedir mal. "Pedís, y no recibís, porque pedís mal" (Jac. 4:3). No debemos orar sin dirección y sin control, ni pedir mal o descuidadamente ni pedir cosas innecesarias o que agraden a nuestra carne, ya que si lo hacemos, nuestras oraciones serán vanas. Dios siempre nos da "mucho más abundantemente de lo que pedimos o pensamos" (Ef. 3:20); pero si pedimos mal el resultado será muy diferente.

Pedir mal significa solicitar más de lo que uno necesita o puede contener. Si uno necesita algo, se lo puede pedir a Dios; pero pedir más de lo que se necesita es pedir mal. Si uno se halla en una necesidad seria, está bien que pida a Dios que la resuelva, pero si no tiene ninguna necesidad, y pide cosas a Dios, está pidiendo mal. Sólo se debe pedir de acuerdo con la capacidad y la necesidad de uno. No debemos pedir cosas al azar. Pedir descuidadamente es pedir mal, y por ende, dicha oración no recibirá respuesta. Pedir mal ante Dios se puede comparar con el caso de un niño que le pide a su padre que le dé la luna. A Dios no le agrada que le pidamos mal, y todo creyente debe aprender a hacer sus oraciones dentro de parámetros apropiados y no hacer peticiones apresuradas ni pedir más de lo que necesite.

C. Quitar de en medio los pecados

Algunos no piden mal, pero no reciben respuesta a sus oraciones debido a que algún pecado se interpone entre ellos y Dios. En Salmos 66:18 leemos: "Si en mi corazón hubiese yo mirado a la iniquidad, el Señor no me habría escuchado". (Nótese la expresión *en mi corazón.*) Si una persona está consciente de ciertos pecados y no está dispuesta a dejarlos, el Señor no le contestará las oraciones que haga. Mientras haya tal impedimento, es imposible que Dios conteste las oraciones.

¿Qué significa mirar a la iniquidad? Significa guardar un pecado en el corazón y no estar dispuesto a dejarlo; es saber que algo es pecado y aún así seguir abrigándolo. No es sólo una debilidad en la conducta ni en la apariencia sino un anhelo en el corazón. La persona que vemos en Romanos 7 no entra en esta categoría, porque aunque ha caído, aborrece lo que hace; mientras que ésta contempla la iniquidad en su corazón, lo cual quiere decir que guarda su iniquidad para sí y no está dispuesta a deshacerse de ella. Este pecado no sólo permanece en su conducta sino también en su corazón; por esta razón, el Señor no responderá ninguna de sus oraciones. Mientras haya aunque sea un solo pecado, éste impedirá que Dios responda. No debemos guardar ningún pecado en nuestro corazón; debemos reconocer todos nuestros pecados como tales y dejar que la sangre nos lave. El Señor puede compadecerse de nuestra debilidad pero no permitirá que abriguemos iniquidad en nuestro corazón. Aun si quitamos todos los pecados de nuestra conducta pero seguimos amando algún pecado en nuestro corazón y nos rehusamos a dejarlo, nuestras oraciones no prevalecerán. En el momento en que comenzamos la vida cristiana, tenemos que pedir la gracia de Dios para que santifique nuestra conducta y nos guarde de caer. Además, debemos abandonar y rechazar todo pecado que haya en nuestro corazón. Mientras haya pecado en nuestro corazón, nuestras oraciones serán inútiles ya que el Señor no escuchará tales oraciones.

En Proverbios 28:13 dice: "El que encubre sus pecados, no prosperará; mas el que los confiesa y se aparta alcanzará misericordia". Uno debe confesar los pecados y decir al Señor: "Hay un pecado en mi corazón que no puedo dejar. Te pido que me perdones, quiero apartarlo de mí; por favor líbrame de este pecado y no dejes que continúe en mí. No lo quiero; quiero rechazarlo". Si uno se confiesa ante Dios de esta manera, El le perdonará, le concederá el perdón y oirá su oración. No debemos ser negligentes en esto, pues si no pedimos específicamente no recibiremos cosa alguna; tampoco recibiremos nada si pedimos mal, y además el Señor no nos contestará si albergamos algún pecado en el corazón.

D. Creer

Por el lado positivo, la condición indispensable para que nuestra oración halle respuesta es la fe, ya que sin ésta la oración es ineficaz. El relato de Marcos 11 muestra la vital importancia de la fe en la oración. El Señor dijo: "Todas las cosas por las que oréis y pidáis, creed que las habéis recibido, y las obtendréis" (v. 24). Debemos creer cuando oremos porque si creemos que ya recibimos lo que pedimos, lo obtendremos. Esperamos que tan pronto como una persona reciba al Señor, sepa lo que es la fe, puesto que el Señor dijo: "Creed que las habéis recibido, y las obtendréis". El no dijo: "Creed que las *recibiréis* sino que las *habéis recibido*". Debemos creer que ya recibimos lo que le hemos pedido, y lo obtendremos. La fe de la que el Señor habla aquí precede el predicado *hemos recibido*. ¿Qué es creer? Es tener la certeza de que ya recibimos lo que hemos pedido.

Los creyentes a veces cometen el error de separar el verbo *creer* del predicado *habéis recibido* y reemplazan éste con *recibiremos;* así que oran al Señor pensando que si tienen una fe muy grande, algún día obtendrán lo que piden. Piden al Señor que la montaña sea quitada y echada al mar, y creen que así se hará. Se imaginan que ésta es una fe muy grande; sin embargo esto separa *creer* de *habéis recibido* y lo pone antes de *recibiréis*. La Biblia dice que debemos creer que lo hemos recibido no lo que recibiremos; éstas dos cosas no significan lo mismo. No sólo los creyentes nuevos deben aprender esto, sino también todos los que han sido creyentes por muchos años.

¿Qué es la fe? Es la certeza de que Dios *ya respondió* nuestra oración, y no la convicción de que Dios *responderá* nuestra oración. La fe se manifiesta cuando nos arrodillamos a orar y decimos en un instante: "¡Gracias Dios! Has escuchado mi oración. ¡Te doy gracias Dios! Este asunto está resuelto". Esto es creer que ya recibimos lo pedido. Una persona puede arrodillarse, orar, y luego pararse y decir: "Yo creo que Dios indiscutiblemente oirá mi oración". La expresión *indiscutiblemente oirá* está equivocada, porque aunque se esfuerce por tratar de *creer,* no verá ningún resultado. Supongamos que uno ora por un enfermo, y él dice: "Te doy gracias Dios. ¡Estoy sano!" Su fiebre tal vez persista y tal vez no se presente ningún cambio, pero el problema está resuelto porque él tiene la certeza de que está sano. Pero si dice: "Creo que el Señor me sanará", tendrá que esforzarse por "creer". El Señor Jesús dijo: "Creed que lo habéis recibido, y lo obtendréis". No dijo que lo obtendrá si cree que lo *recibirá.* Si uno cambia el orden, no obtendrá resultados. Hermanos, ¿pueden comprender esto? La fe genuina se expresa con la expresión *hecho está,* y con agradecer a Dios por haber respondido nuestra oración.

Quisiera añadir algunas palabras sobre la fe. Tomemos por ejemplo el caso de la sanidad. En el Evangelio de Marcos encontramos algunos ejemplos de fe. Vemos en él tres expresiones que aluden de modo especial a la oración. La primera se relaciona con el poder del Señor, la segunda con la voluntad del Señor y la tercera con un acto del Señor.

1. El poder del Señor: Dios puede

Marcos 9:21-23 dice: "Jesús preguntó al padre: ¿Cuánto tiempo hace que le sucede esto? Y él dijo: Desde niño. Y muchas veces le ha echado en el fuego y en el agua, para matarle; pero si puedes hacer algo, ten compasión de nosotros, y ayúdanos. Jesús le dijo: En cuanto a eso de: Si puedes, todo es posible para el que cree". El padre le dijo al Señor Jesús: "Si puedes hacer algo ... ayúdanos". El Señor Jesús le repitió sus palabras "si puedes". El padre dijo: "Si puedes hacer algo ... ayúdanos"; y el Señor Jesús le dijo: "Si puedes, todo es posible para el que cree". El asunto no dependía de si el Señor podía, sino de si aquel hombre creía.

Cuando el hombre se encuentra en dificultades, duda mucho y se le hace difícil creer en el poder de Dios. Esto es lo primero que necesitamos resolver. A veces puede parecer que el poder del obstáculo sea mayor que el poder de Dios. El Señor Jesús reprendió al padre por dudar del poder de Dios. En la Biblia muy raras veces vemos que el Señor interrumpa a otra persona como lo hizo en este pasaje; da la impresión de que el Señor estuviese descontento. El Señor lo reprendió cuando el hombre dijo: "Si puedes hacer algo, ten compasión de nosotros, y ayúdanos". La respuesta del Señor era como si estuviese diciendo: "¿Qué es eso de 'si puedes'? Para el que cree todo es posible, y la pregunta no es si el Señor puede, sino si uno cree o no. ¡Cómo te atreves a dudar si puedo!" Cuando los hijos de Dios oran, deben levantar los ojos y decir: "¡Señor, Tú puedes!"

En Marcos 2 se relata el caso en el que el Señor sana al paralítico y le dice: "Hijo, tus pecados te son perdonados" (v. 5), pero los escribas cavilaban en sus corazones: "¿Por qué habla éste así? ¡Blasfema! ¿Quién puede perdonar pecados, sino uno solo, Dios?" (v. 7). Ellos pensaban en sus corazones que Jesús no podía perdonar pecados, ya que consideraban el perdón de pecados como una gran cosa; pero el Señor les dijo: "¿Por qué caviláis acerca de estas cosas en vuestros corazones? ¿Qué es más fácil, decir al paralítico: Tus pecados te son perdonados, o decirle: Levántate, toma tu camilla y anda?" (vs. 8-9) Lo que el Señor les mostraba era que ellos dudaban si él podía o no, mientras que para Dios la pregunta era qué era más fácil. Para el hombre es imposible tanto perdonar pecados como decirle a un paralítico que se levante y ande; pero el Señor les mostró que El podía perdonar los pecados y también hacer que el paralítico se levantara y anduviera. Perdonar pecados y hacer que el paralítico se levante y camine son acciones fáciles para el Señor, y con esto les daba a entender que "Dios puede". En nuestra oración necesitamos saber que "Dios puede" y que nada es imposible para el Señor.

2. La voluntad de Dios: Dios quiere

Es verdad que Dios es todopoderoso, pero ¿cómo sabemos que El quiere sanarme? Yo no sé cuál es Su voluntad en este asunto específico, pues es posible que el Señor no desee sanarme. ¿Qué debo hacer? Vayamos a otro pasaje. Marcos 1:41 dice: "Y Jesús, movido a compasión, extendió la mano y le tocó, y le dijo: Quiero, sé limpio". Aquí nos planteamos el interrogante de si Dios desea hacer algo, no si El puede. Independientemente de cuán grande sea Su poder, debemos saber si El desea sanar. Si Dios no nos quiere sanar, la grandeza de

Su poder no tendrá efecto en nosotros. La primera pregunta que hay que hacer es si Dios *puede,* y la segunda es si El *quiere.*

El Señor le dijo al leproso: “Quiero”. El Antiguo Testamento nos dice que la lepra es una enfermedad inmunda (Lv. 13—14), y cualquiera que tuviera contacto con un leproso, quedaba contaminado; sin embargo, el amor del Señor fue tan grande que le dijo: “Quiero”. ¡El Señor Jesús extendió Su mano, lo tocó y fue limpio! El leproso le rogó al Señor y El quiso limpiarlo

¿Podrá ser que el Señor no nos sane de nuestra enfermedad? ¿Es posible que el Señor no responda nuestras oraciones? Todos diremos “Dios puede” y “Dios quiere”.

3. La acción del Señor: Dios lo realizó

No es suficiente saber que Dios puede y quiere; también necesitamos saber que Dios lo ha realizado. Volvamos entonces a Marcos 11:24, que citamos anteriormente: “Todas las cosas por las que oréis y pidáis, creed que las habéis recibido, y las obtendréis”. Esto nos revela que Dios ya efectuó algo.

¿Qué es la fe? No es creer que Dios puede hacer algo y que lo hará, sino creer que El ya lo hizo. Si usted cree que ya lo recibió, lo obtendrá, y si cree y confía en que Dios puede y hará algo porque El dijo que lo hará, usted debe agradecerle y declarar: “Dios ya lo efectuó”. Muchas personas no reciben respuestas a sus oraciones porque no entienden este punto y todavía confían en que *recibirán,* lo cual difiere de creer, pues creer expresa que ya se realizó lo que uno pidió. La fe auténtica dice: “¡Te doy gracias Dios, porque me sanaste! ¡Gracias, Dios, porque estoy curado! ¡Gracias Dios porque estoy limpio! ¡Gracias Dios!” Cuando la fe es perfecta, no sólo dirá: “Dios puede” y “Dios quiere”, sino también “Dios ya lo realizó”.

¡Dios ya escuchó nuestras oraciones! ¡El ya lo efectuó todo! Y si creemos que ya recibimos lo que pedimos, lo obtendremos. Nosotros por lo general, cuando consideramos que tenemos fe, creemos que lo recibiremos y, como resultado, jamás recibimos. Nuestra fe debe afirmar que ya recibimos lo que pedimos. La fe siempre habla de hechos realizados, no de hechos que se realizarán.

Usemos el ejemplo de una persona que acaba de escuchar el evangelio. Usted le pregunta: "¿Has creído en el Señor Jesús?" y ella responde: "Sí, he creído"; usted le pregunta nuevamente: "¿Estás seguro de que eres salvo?" Si la persona responde: "Estoy seguro de que seré salvo", usted sabrá que no lo es. Supongamos que usted le pregunta: "¿De verdad crees que *serás* salvo?" Si el individuo contesta: "Me parece que sí", se nota en sus palabras que no hay ninguna garantía de que sea salvo. La expresión espontánea de la fe es "soy salvo". Estas palabras denotan certeza, y cuando uno cree, es salvo. La fe genuina cree que ya se realizó el hecho. Si una persona tiene fe en el momento en que es salva, dirá: "Te doy gracias Dios, porque he recibido la salvación". Tenemos que asirnos de estos tres hechos: Dios puede, Dios quiere y Dios lo realizó.

La fe no es un ejercicio sicológico; la fe consiste en *recibir la palabra de Dios* y creer con seguridad que Dios puede, que quiere y que ya lo efectuó. Si usted no ha recibido la palabra de Dios, no corra el riesgo de tentar a Dios. El ejercicio del intelecto no es fe. Tomemos por ejemplo una enfermedad. Aquellos que han sido sanados mediante la fe genuina no tienen temor de un examen médico (Mr. 1:44). El resultado de un examen médico, demostrará que en realidad fueron curados, y que no fue simplemente una experiencia sicológica.

Cuando los nuevos creyentes aprenden a orar, deben hacerlo en dos etapas. En la primera deben orar hasta recibir la promesa, la palabra específica de Dios para ellos. Todas las oraciones comienzan por pedirle al Señor algo y pueden continuar por un período de quizás tres o cinco años. Es necesario seguir pidiendo. Algunas oraciones son contestadas inmediatamente mientras que otras se tardan años, y es entonces cuando se debe perseverar. La segunda etapa se extiende desde el momento en que se recibe la promesa, la palabra específica de Dios, hasta que la promesa se cumple. En esta etapa no se ora sino que se ofrece alabanza. En la primera etapa se ora hasta recibir una palabra específica, mientras que en la segunda se alaba al Señor continuamente hasta que la palabra se haya cumplido. Este es el secreto de la oración.

Algunas personas sólo conocen dos aspectos de la oración.

Primero se arrodillan a orar por lo que no tienen, y luego lo obtienen. Supongamos que yo le pido un reloj al Señor, y a los pocos días el Señor me lo concede. Vemos dos lados: antes yo no tenía un reloj, y ahora lo tengo. Algunos no se dan cuenta que estos dos eventos interviene otro elemento, a saber: la fe. Supongamos que yo oro pidiendo un reloj y un día digo: "Te doy gracias Dios porque ya escuchaste mi oración". Aunque mis manos todavía están vacías, tengo la certeza de que ya recibí el reloj. Algunos días más tarde, el reloj llega. No debemos conformarnos con los dos eventos, no tenerlo y tenerlo; debemos prestar atención al tercer elemento, que se halla entre esos dos y en el cual Dios nos da la promesa. Entonces, creemos y nos regocijamos. Quizás tengamos que esperar tres días antes de recibir el reloj, pero en nuestro espíritu ya lo recibimos. Un cristiano debe *recibir en el espíritu* lo que pide, pues de no ser así, no experimenta la fe.

Esperamos que los creyentes nuevos comprendan lo que es la fe y confiamos en que aprenderán a orar. Quizás usted ha orado continuamente durante tres días o cinco, o un mes, o un año y todavía no ha visto la respuesta, pero en lo más recóndito de su corazón tiene el sentir de que el asunto finalmente se logrará. En ese momento usted debe comenzar a alabar a Dios y seguir alabándole hasta que tenga en su mano lo que pidió. En otras palabras, en la primera etapa uno avanza en la oración desde no tener nada hasta recibir fe, y en la segunda uno avanza en la alabanza desde que recibe la fe hasta palpar la realidad de lo pedido.

¿Por qué debemos dividir nuestras oraciones en estas dos etapas? Supongamos que una persona empieza a orar sin tener fe para llegar a tenerla; si se queda ahí, puede perder su fe. Pero cuando adquiere fe, debe empezar a alabar. Si continúa orando, puede dejar escapar la fe y no recibir nada al final. "Lo obtendréis" significa recibirlo en las manos, mientras que "lo habéis recibido" se refiere a asirse de ello en el espíritu. Si la fe ya está allí, pero las cosas no se han materializado, debe acercarse a Dios con alabanza, no con oración, porque si Dios ya dijo que nos dará algo, no necesitamos seguir pidiendo. Si tenemos la certidumbre interior de que "ya recibimos" no tenemos necesidad de seguir pidiendo.

Muchos creyentes cuando experimentan fe al orar, no pueden seguir pidiendo. Tienen que mantener su fe y seguir alabando, así que dicen: "¡Señor, te alabo! ¡Has escuchado mi oración; te alabo porque respondiste a mi oración hace un mes!"

Si usted hace esto, recibirá lo que pidió. Desafortunadamente, algunas personas no saben que Dios ha prometido algo, y siguen orando. Como consecuencia, su oración aleja su fe, lo cual representa una gran pérdida.

Lo dicho en Marcos 11:24 es muy valioso, y no encontramos en toda la Biblia otro pasaje que explique tan claramente lo que es la fe. "Todas las cosas por las que oréis y pidáis, creed que las habéis recibido, y las obtendréis". Si la persona ve esto, sabrá lo que significa orar, y la oración será una herramienta poderosa en sus manos.

E. Perseverar al pedir

Otro aspecto que requiere mucha atención en cuanto a la oración es que debemos perseverar y nunca desmayar. En Lucas 18:1 se menciona "la necesidad de orar siempre, y no desmayar". Ya que algunas oraciones requieren perseverancia, debemos orar hasta que la oración agote al Señor y lo obligue a contestar. Esta es otra clase de fe. El Señor dijo: "Pero cuando venga el Hijo del Hombre, ¿hallará fe en la tierra? (v. 8). Esta fe es diferente de la fe que discutimos anteriormente, pero no la contradice, ya que en Marcos 11 se nos dice que debemos orar hasta tengamos fe y en Lucas 18 se nos dice que debemos pedir al Señor persistentemente hasta que El se vea obligado a contestar nuestra oración. No debemos preocuparnos si tenemos una promesa o no; debemos orar hasta que Dios se vea obligado a contestar.

Muchas oraciones son oraciones sin substancia. Una persona puede orar por uno o dos días, pero después de tres meses se olvida por completo del asunto; otros piden algo una sola vez y no lo solicitan por segunda vez, lo cual muestra que no están interesadas en recibir lo que piden. Cuente las veces que ha hecho la misma oración más de dos, tres, cinco o diez veces. Si usted ya olvidó sus oraciones, ¿cómo puede esperar que Dios las recuerde? Si usted no tiene interés en cierta petición, ¿cómo puede esperar que a Dios le interese escuchar? La verdad es que usted no tiene el deseo de recibir lo que está pidiendo. Una persona orará persistentemente sólo si tiene una verdadera necesidad, y sólo cuando es presionado por circunstancias difíciles. En tales casos, esa persona perseverará por mucho tiempo, y no dejará de orar. Le dirá al Señor: "¡Señor! No dejaré de orar hasta que me respondas".

Si usted quiere pedir algo y verdaderamente lo desea, debe molestar a Dios y pedirle con insistencia hasta que le oiga. Al hacer esto, Dios no tiene otra alternativa que contestarle, ya que usted lo ha forzado a actuar.

III. LA PRACTICA DE LA ORACION

Cada creyente debe hacer una libreta de oración cada año para asentar en ella sus oraciones, como si se tratara de un libro de contabilidad. Cada página debe tener cuatro columnas. En la primera asentará la fecha en la cual empezó a orar por algo; en la segunda, el objeto por el cual ora; en la tercera, la fecha en la cual recibe respuesta a la oración; y en la cuarta, debe dejar constancia de la manera en que Dios contestó la oración. Entonces, el creyente se dará cuenta cuántas cosas le ha pedido a Dios por año, de cuántas ha recibido respuesta y de cuántas están pendientes. Los que han sido salvos recientmente deben tener una libreta de este tipo, aunque sería bueno que también los que llevan más tiempo la tuvieran.

La ventaja de anotar toda esta información en un solo cuaderno es que nos muestra si Dios contesta nuestras oraciones o no, porque cuando Dios se detiene, debe de haber alguna razón para que esto suceda. Es bueno que los creyentes tengan celo al servir al Señor, pero tal servicio es inútil si sus oraciones no reciben respuesta. Si el camino del hombre a Dios se bloquea, lo mismo sucederá con el camino a los hombres; por lo tanto, debemos procurar ser hombres poderosos ante Dios antes de que El nos pueda usar ante los hombres.

En cierta ocasión un hermano anotó los nombres de ciento cuarenta personas y oró pidiendo que fuesen salvas. Algunas personas fueron registradas en la mañana y esa misma tarde fueron salvas. Después de dieciocho meses, sólo dos de ellas no habían sido salvas. Este es un excelente modelo para nosotros. Esperamos que Dios obtenga más hijos que lleven un registro de sus oraciones. Espero que usted anote uno por uno los asuntos por los que ora, así como los que Dios contesta; cualquier cosa que usted haya anotado en el libro y no haya recibido respuesta, debe ser presentada al Señor con perseverancia. Usted sólo debe dejar de orar en el caso en que Dios le dé a conocer que aquello no concuerda con Su voluntad. De lo contrario, persista hasta que reciba respuesta. Usted no puede ser negligente por ningún motivo. Debe aprender desde el principio a ser estricto en este asunto y debe ser serio ante Dios. Una vez que comience, no se detenga hasta que obtenga la respuesta.

Al usar su cuaderno de oración, note que algunas oraciones necesitan oración continua, y otras sólo una vez a la semana. Este horario depende del número de peticiones que tenga anotadas en el libro, ya que si tiene muy pocas, puede orar por ellas diariamente pero si tiene muchas puede organizarlas de tal modo que ore por algunas los lunes y por otras los jueves y así sucesivamente. Igual que los hombres organizan su agenda de actividades, también nosotros debemos administrar nuestro tiempo de oración. Si nuestras oraciones no son específicas, no necesitaremos un libro de oración. Podemos mantener esta libreta junto a nuestra Biblia y a nuestro himnario, ya que debe usarse diariamente. Después de un tiempo, cuente cuántas oraciones han sido respondidas y cuántas no. En verdad es una bendición orar de una manera específica de acuerdo con nuestro libro de oración.

La oración que el Señor enseña en Mateo 6, la que se describe en 1 Timoteo 2 y las oraciones en las que se pide luz, vida, gracia y dones para la iglesia, son oraciones que se dirigen a temas generales, y no es necesario clasificarlas con nuestras peticiones específicas. Debemos orar diariamente por estas cosas grandes.

La oración tiene dos fines: la persona que ora y aquella por la cual se ora. Muchas veces la persona por la cual se ora no cambia a menos que la que ora cambie primero. Si la situación persiste, debemos acudir a Dios y decirle: “Señor, ¿qué cambios debo hacer? ¿Qué pecados no te he confesado? ¿Qué afectos debo dejar? ¿Estoy de verdad aprendiendo la lección de la fe? ¿Hay algo más que debo aprender?" Si hay algún cambio necesario de nuestra parte, debemos hacerlo primero, porque no podemos esperar que aquellos por quienes oramos cambien, a menos que nosotros lo hayamos hecho primero.

Cuando un hombre cree en el Señor, debe aprender a orar sin cesar. Debe aprender bien la lección de la oración antes de tener un conocimiento profundo de Dios y llevar fruto en abundancia.